Nick Living
PHOBOS & DEIMOS
Worte fliegen tief ins All
GEDICHTE
BALLADEN

Design & Layout: Nick Living

Impressum

Herstellung und Verlag:
BoD - Books on Demand GmbH, Norderstedt
ISBN 978-3-7386-2398-7
Für den Inhalt des Buches
zeichnet der Autor verantwortlich
© 2015

PHOBOS und DEIMOS
Zwei Monde
Ich fliege durchs All
Durch die Unendlichkeit
Und nirgends gibt es ein
OBEN oder UNTEN
Es gibt auch kein WOHER
Und auch kein WOHIN
Alles scheint für immer egal
Und doch scheint es
einen Sinn zu haben
Und so flieg ich weiter
Weiß doch niemals
WARUM

Leben

Das Leben fließt so wie ein Strom
Mal langsam noch, dann wieder schnell
Es fließt nur so, wer fragt da schon
Das Leben ist ein langer Strom
Es ist oft dunkel, selten hell

Es ist nur da und bringt die Zeit,
in der wir sehen und verstehn
Wir fühlen Glück, erleben Leid
Und es vergeht mit aller Zeit
Bis nichts mehr von uns bleibt bestehn

Der Wind fegt über kahles Land,
auf dem es so viel Leben gab
Es liegt oft nicht in unsrer Hand
Es fegt nur Wind über das Land
Und streichelt sacht so manches Grab

Man möcht so gerne ewig sein,
um eins zu werden mit der Welt
Um alt zu werden, wie ein Stein
Ja, manchmal möchte man ewig sein
Niemals verlieren, was man hält

Doch fließt das Leben wie ein Strom
Und bliebt nicht stehen, treibt uns fort
So manches fließt uns da davon
Denn es geht weiter, mit dem Strom
Und bleibt nie ein beständig Ort

Sturm

Ein Sturm dringt ein in die Gedanken
Er fegt die letzten Tränen fort
Und plötzlich brichst du alle Schranken
Du fühlst dich nicht mehr unverstanden
Brichst auf zu einem neuen Ort

Die Hoffnung birgt stets neues Leben
Geh einfach los, hör auf dein Herz
So vieles kannst du jetzt bewegen
Denn Hoffnung birgt stets neues Leben
Dein Wille treibt dich himmelwärts

Den Wind zu spüren, die Sonne sehen,
dies alles gibt es nicht für Geld
Mensch komm´, steh auf, du kannst verstehen
Auch du wirst bald die Sonne sehen
Und kämpfen auch für deine Welt

Ja du bist gut! Weiß um dies Wissen!
Mach deine Träume endlich wahr
Dann wird ein bessrer Tag dich grüßen
Denn du bist gut und willst es wissen!
Dein Leben wird ganz wunderbar

Traum

Auf dem Weg ins Zauberlande,
mit dem Segelboot weit fort
An den weißen fernen Strande
An den unbekannten Ort

Zog ich nachts mit Dir im Traume
Und mein Herz schlug laut, so laut
Dort am Rand von Zeit und Raume
prickelte die nackte Haut

Und wir küssten uns im Winde,
der uns durch die Seele strich
Jene Nacht der großen Sünde
blieb am Ende trügerisch

Regenguss

Ein Regenguss fällt in dein Leben
Ein Regen fällt in deinen Tag
Du schimpfst und fluchst und willst nicht beten
Doch irgendwann, da trifft es jeden
Und du vergehst in Leid und Klag

Ein Donnerschlag zerreißt die Seele
Ein Donnerschlag zerbricht dein Hirn
So wundgeschrien die trockne Kehle
Dass diese Zeit bloß schnell vergehe
Dass dich die Ängste nicht verwirrn

Ein Blitz zuckt grell in deine Augen
Ein Blitz verbrennt den müden Blick
Fast blind suchst du nach Gottvertrauen
Und willst den Menschen wieder glauben
Doch du bewegst dich nicht ein Stück

Träne

So manche Träne sieht man nicht
Sie wird geweint nur – irgendwo
Sie ist nicht groß, hat kein Gewicht
Man sieht so manche Träne nicht
Doch kommt sie oft, ganz einfach so

Sie zeigt in unsrer starken Welt,
dass man auch schwach ist, klein und dumm
Und wenn sie uns vom Auge fällt,
dann sehn wir anders diese Welt
Sie sagt so viel und bleibt doch stumm

Sie bleibt bei uns ein Leben lang
Sie kennt das Glück und auch das Leid
Egal, ob kerngesund, ob krank,
Sie ist stets da, ein Leben lang
Manch Seele wird durch sie befreit

Nein, ohne Tränen geht es nicht
Sie ist so wichtig, gut und klar
Sie gibt uns erst ein Angesicht
So manche Träne sieht man nicht,
denn sie ist klein und unscheinbar

Erinnerungen

Bunte Farben in den eingeschmolzenen Träumen
meiner Kinderzeit
Ich bin an einem Punkte angekommen,
an welchem ich nicht mehr weiter weiß
Und ich suche einen Rat
in den alten Märchenbüchern
Und ich wünsch mir die Wahrheit
aus den seidenen Zaubertüchern
Und weiß doch längst-
Ich bin schon lang zu alt
für diese fernen, fernen Spiele

Teddybären mit den blauen Schleifchen
und der grüne Wasserball
Er schwimmt behänd davon
auf den Wogen meiner kalten Tränen
Ich kann ihn nicht mehr halten
Ach Teddy,
gib mir doch wie früher einen Halt
Aber er schweigt, sie ist eben vorbei,
die Zeit der Feen und der Aschenputtel
Im zerbrochenen Spiegel
wirkt mein Gesicht so müde – oder schwach
Und es wirkt blass
Und ich spür es längst
Ich bin schon lang zu alt
für diese fernen, fernen Spiele

Die alten Kinderlieder,
wo alles noch so rein und klar,
wo ich mal unbeschwert und glücklich war,
sind längst verklungen
in verklärender Unendlichkeit
Die holt mir keiner mehr zurück
Jetzt rennt man wohl nach andren Sachen
Ich habe das Verlieren nicht verlernt
Und in den feuchten Nebeln
verwunschener morgendlicher Wiesen
sehe ich der Liebsten makelloses Antlitz
nimmermehr
Gewesen ist gewesen!
Und ich weiß es längst
Ich bin schon lang zu alt
für diese fernen, fernen Spiele

Geister

Nebelschleier hinterm Haus
Alles sieht so anders aus
Kälte in der Dunkelheit
Bis zum Wald ist's nicht mehr weit

Da, Gesichter überall
Und ein seltsam dumpfer Knall
Stimmen fliegen durch die Luft
So, als ob mich jemand ruft

Plötzlich schlägt die Kirchturmuhr
Aus der Zauber, Stille nur
Nur die Tanne strahlt im Glanz
Engel, Elfen, welch ein Tanz

Zeit

Manchmal denk ich,
ich sei ein Stück Holz,
das da treibt auf dem Wasser
Irgendwo,
im nahen Bach am Wald
Und irgendwo
das mächtige Wasser und das schwache Holz
Es treibt und treibt
Und ist wohl ausgeliefert diesem Wasser, überall
Und ist der Bach auch noch so klein,
das Holz muss dienen diesem Lauf
Dem Lauf der Dinge
Dem Lauf des Lebens
Es flieht vielleicht,
von einer leichten Woge abgetrieben,
auch mal ans Ufer fast
Doch bleibt es immer an der Oberfläche
des Wassers, noch
Und manchmal denk ich,
es geht bald unter,
gnadenlos,
irgendwann
Doch treibt es weiter, ganz einfach so
Vor vielen Jahren,
als ich noch ein Kind,
hab ich ein Holz in jenen Bach geworfen
Und bin mit einem Floß
ihm nachgefahren – irgendwohin,
bis an den Sumpf
Dort ging es nicht mehr weiter

Doch irgendwo,
da findet jedes Holz den Weg
Das Stückchen Holz treibt fort
Und immer weiter
Immer fort
Bis zu dem dicken großen Stein
Es verweilte dort nur kurz
Ich dacht', jetzt geht es unter
Doch treibt es balde,
wie von Geisterhand geschubst,
an jenem Stein vorbei
Ist frei
Und ist so leicht und wird getragen
von diesem Bach,
der wird zum Fluss und mündet bald
ins Meer
Und trifft so viele seiner Brüder
Doch saugt sich's auch voll
Ist nicht mehr leicht
Sinkt irgendwann,
so erdenschwer,
auf einen dunklen Grund
Dann ist es weich
Und es zersetzt sich
Ist plötzlich fort
Und nicht mehr da
Und keiner weiß, dass es mal hier
und fröhlich einst geschwommen
Durch Raum und Zeit
Drum nutzt die Kindertage,
und auch die Jugendjahre
und lacht und seid gesund

Zu schnell vergehn die Zeiten
Und schwer und alt
sinkt ihr auf jenen Grund Eures Lebens
Und bleibt dort ruhen,
bis Euer letzter Tag gekommen
Denn Ihr seid, wie alle hier
Es liegt an Euch,
die Zeiten zu erleben
Freut Euch an dieser Welt
Sie ist nur einmal
Und zieht an Euch vorüber
Nehmt sie stets mit
Und lasst sie niemals ziehn
Ihr habt die Chance
als Mensch,
denn ihr seid keine Hölzchen

Regennacht

Du kamst in jener Regennacht
Aus fernster Ferne, von weither
Du hast mich einfach angelacht
Kamst aus der dunklen Regennacht
Und machtest, dass die Sonn mir lacht
Die Zeiten waren sonst so leer

Du kamst in meine Einsamkeit
Warst einfach da und hieltst mich fest
Um uns nur kalte Dunkelheit
Du kamst in meine Einsamkeit
Und alle Tränen schienen weit
Dein Kleid, vom Regen so durchnässt

Du küsstest mir die Ängste fort
Wir sanken in ein Wolkenmeer
Du küsstest mich und sprachst kein Wort
Du küsstest mir die Trauer fort
An diesem märchenhaften Ort
Du kamst von irgendwo weit her

Flieger

Ich wollt so gern ein Flieger sein
Dort, irgendwo am Firmament
Nur mit dem Wind alleine sein
Wollt ich so gern ein Flieger sein´
Zerreißen mir das alte Hemd

Ich wollt so gern ein Flieger sein
Ja, irgendwo am Himmelszelt
Geblieben sind nur Träumereien
So gern wollt ich ein Flieger sein
Und unter mir die ganze Welt

Ich wollt so gern ein Flieger sein
So hoch über dem blauen Meer
Doch blieb auf Erden ich allein
Ich sollt wohl nie ein Flieger sein
Denn Fliegen war für mich zu schwer

An die Eltern

Manchmal gehn die Gedanken
nach Haus, ins gute Heim
Seh all die schönen Jahre
Und manche schlimmen Tage
Wollt wieder Kind dann sein

Als ich mit Mutter rannte
durchs Tal zum Wald am Fluss
Mit Maiglöckchen im Regen
Am Ostseestrand gelegen
Am Abend manchen Kuss

Die längsten Fahrradtouren
vom Berg bis quer durchs Feld
In den Ballon gepustet
Beim Sportfest fast verdurstet
Am Schießstand ohne Geld

Kind bin ich stets geblieben
Die Zeit verging zu schnell
Geträumt bis zu den Sternen
Dann wieder fahren, schwärmen
im Kettenkarussell

Die wilden Jugendjahre
mit bester Note „Zwei"
Kaum war ich zu belehren
Ich wollt mich ständig wehren
Blieb weg bis nachts um Drei

So manches, das ich suchte,
im Streit und auch in Wut,
das wollte ich nie sagen
War froh, dass wir uns hatten
Ihr seid mir beide gut!

Hab oftmals nicht verstanden,
dass Vieles nicht so bleibt
Dann triebs mich in die Fremde
In keine guten Hände
Und wieder starb die Zeit

Bin doch zurückgekommen
in Mutters warmen Schoß
Uns hat so viel verbunden
In jenen schweren Stunden
Dort stand mein weißes Schloss

Hätt ich es nur gesehen,
wie sie verging, die Zeit
Als ich sie dumm verschenkte
Was war's nur, das mich lenkte,
durch all die Dunkelheit?

Ich bin da raus gekommen
Von Euch hab ich die Kraft
Doch wiegt so schwer das Alte
Noch oft spür ich die Spalte,
die durch mein Leben klafft

Was ist mir heut geblieben
nach all dem Sturm der Zeit?
Wohl ist´s nicht Geld, Karriere!
Vielmehr doch Glück und Ehre!
Ich habe mich befreit

Es ist so schön zu wissen,
dass einsam ich nicht bin
Ihr seid mir stets geblieben
Und als ich´s aufgeschrieben,
erkannte ich den Sinn

Denn all das war mein Leben:
das Böse und der Schein,
das Auf und auch das Nieder
So manche Liebeslieder
Und mache Stund beim Wein

Nein, gar nichts will ich missen,
weil all das ICH stets war!
Ein Mensch mit seinen Träumen
Nie wollt ich was versäumen
mit Euch, ganz wunderbar

Letzter Sommer

Es war ihr letzter Sommer
Der Wind verwehte sanft ihr Haar
Der Himmel schien so endlos klar
Am Strand verlor sich bald ihr Schritt
Die Flut kam schnell und nahm sie mit
Es war ihr letzter Sommer
So schön, wie keiner war

Es war ihr letzter Sommer
Sie war so jung, sagt man, und klug
Ihr Lächeln, einst mir schon genug,
rein und sanft und tränenschwer
Doch blieb ihr Blick so starr und leer
Es war ihr letzter Sommer
Als hoch die Brandung schlug

Es war ihr letzter Sommer
Ihr Haus stand auf den Klippen hoch
Woher sie kam – sie schriebs mir noch
Wohin sie ging und was sie sucht´,
bleibt unbekannt,
bleibt ohne Sinn
Es war ihr letzter Sommer
Ich lieb sie immer noch

Naher Winter

Der Winter naht,
das Feld liegt ohne Leben
Und auch der Bach im Wald
stöhnt müde vor sich hin
Einsames Bad
Es fällt nur leis der Regen
Ich bin halbwach
und alt
Wo ist des Lebens Sinn?

Jetzt ist es Herbst
Die Bank gähnt vor den Weiden
Zu kalter Wind
Am Haus die Einsamkeit schon lehnt
Wer jetzt nicht scherzt,
der wird nicht lange bleiben
Kein einzig' Kind,
nicht Mensch,
wird spielen hier verschämt

Das Jahr ist um!
Mein Weg führt in die Ferne
Doch nur im Traum,
allein
Die Nächte werden lang
Der Mond bleibt stumm
Und stumm sind auch die Sterne
Es schweigt der Baum,
der Stein
Und mir wird's langsam bang

Der Fremde

Als ich ihn sah, so grau sein Haar,
schien er mir nah, auch ohne Wort
Genau wie er auch ich mal war,
mit feinem Hemd an gutem Ort

Er ging im Anzug, sehr korrekt
Auch ich hab teuren Zwirn im Schrank
Doch hab ich Ängste mir versteckt
Doch fühl ich mich so schwach, so krank

Hab mich im Dunkel oft gesehnt
nach Ruhm, Erfolg und Glück und Sinn
Was heute keiner mehr versteht,
ich sehnte mich sehr gern dorthin

Er ging vorbei mit Stolz im Blick!
Vielleicht war er ein Gotteskind?
Doch er entschwand bald, Stück um Stück,
im Menschenmeer, wo jeder blind

Als ich ihn sah, sah ich auch mich
Ein Spiegelbild, so ohnmächtig
Im Spiel des Lebens – lediglich –
blieb drüben ER und jenseits ICH

Einst träumte mir vom schönen Land
Vom Prinzenpaar, von Geld und Gut
Hab damals nichts von mir erkannt
Zu heiß schäumte mein krankes Blut

Der Fremde kennt mich nimmermehr
Ein Wind verweht den Straßenstaub
Vielleicht ist alles gar nicht schwer?
Ein Fremder nur schien mir vertraut!

Überflieger

Jetzt ist die Zeit der Überflieger
Sie fliegen hoch und weit hinaus
Und singen Dir die schönsten Lieder
In feinstem Zwirn, auf heißem Mieder
Jetzt ist die Zeit der Überflieger!
Soweit bin ich vom Heimathaus

Jetzt ist die Zeit der Überflieger
Die sind so jung, so schön, so stark
Und zeigen ihr gar bunt´ Gefieder
Wolln mächtig werden, immer wieder
Jetzt ist die Zeit der Überflieger!
Allein sitz ich im herbstlich´ Park

Jetzt ist die Zeit der Überflieger
Allseits geliebt, mit stetem Mut
Da, ihre Gärten, reich an Flieder
Es ist die Zeit der großen Sieger
Jetzt ist die Zeit der Überflieger!
Vom Sturm verweht mein Haar, mein Hut

Jetzt ist die Zeit der Überflieger
Sie sind perfekt und lächeln froh
Ihr Haus, gedeckt mit rotem Schiefer
Zur Weihnacht steht die größte Kiefer
Jetzt ist die Zeit der Überflieger!
Und ich zieh weiter, einfach so

Jetzt ist die Zeit der Überflieger
Die Zeit des Mittelmaßes dort
Die Zeit der Dirnen und der Dealer
Es stirbt die Menschheit bald am Fieber
Jetzt ist die Zeit der Überflieger!
Ich leb an einem fernen Ort

Besuch im Herbst

Herbst war´s in den Landen
Einsamkeit in mir
Als wir zwei uns fanden,
Herbst in allen Landen,
träumt´ ich mich zu Dir

Als wir uns getroffen,
schien das Glück so nah
Endlich wieder hoffen
Als wir uns getroffen,
war so gut das Jahr

Kamst aus weiter Ferne
Lachtest mir ins Herz
Über uns die Sterne
Kamst aus weiter Ferne
Ich flog himmelwärts

Hoffnung auf das Leben
brannte tief in uns
Mut zu neuem Leben
Jeden Tag erleben
Unser bester Wunsch

Winter ist´s geworden
Eisig mancher Ort
Wieder mal gestorben
Winter ist´s geworden
Du bist lang schon fort

Flucht

Was ist die Freiheit wert,
wenn die Leute schweigend gehen?
Die Jugend, ach,
die ist doch gar nicht schwach!
Und woanders
werden wieder starke Winde wehen
Wir leben alle unter einem morschen Dach

Ich stell mir immerzu
die stumme Frage
Wo ist das Glück?
Und wo die Hoffnung, wo?
Und wieder gehen
an manch regnerischem Tage
die Menschen aus der Heimat, einfach so

Brach liegt dies Land
der fliehend´ Bauern
Brach auch der Sinn
Ich find ihn nirgendwo
Zu spät zum Jammern
oder auch zum Trauern
Ich schau mich um, in Angst
Und bin kaum froh

So ziehn sie fort,
die Rächer, die Verdammten
Zum weiten Strand
Zum fernen Kontinent
Und wenn sie einst
Zuhause wieder landen,
sind sie allein,
weil man sie nicht mehr kennt

Besuch am Grab

Der Regen rieselt durch die Äste
Wart auf dem Friedhof ganz allein
Gedanken um des Lebens Reste
stelln kühl in meiner Seel sich ein

Hier ist's so ruhig, endlose Stille
Nur Regen fällt auf manches Grab
So endgültig, ein letzter Wille?
Hier, wo man nichts zu sagen wagt

Da giert und jagt man durch die Zeiten
Da jammert man und will noch mehr
Und spürt nicht, wie die Jahr' enteilen,
wie alt man wird und schwach und leer

Die Jugend ist nicht festzuhalten
Der Reichtum nicht und nicht das Gut
Nichts ist auf ewig aufzuhalten,
weil irgendwann erstarrt das Blut

So will ich Einhalt mir gebieten
Denn viel zu schnell komm ich hierher
Sollt wieder neu mein Leben lieben
und Lieder singen, und noch mehr

Der Regen rieselt durchs Geäste
Und dunkel wird's im Friedhofshain
Was tu ich mit des Lebens Reste?
Schlag hoch den Kragen und geh heim!

Leuchtturm

Irgendwo in ferner Zeit
blinkt ein Leuchtturm in die Welt
Steht so einsam und befreit
Steht so fern von aller Zeit
Und sein altes Mauerwerk, es hält!

Hab ihn eines Tags entdeckt
Dort am Ufer, dort am Strand
Fand ihn kaum, weil er versteckt
Hab ihn irgendwann entdeckt
Und ich lief durch weißen Sand

Stand vor ihm und sah sein Licht
Und das Meer rauschte im Wind
Plötzlich sah ich mein Gesicht
Dort im hellen Leuchtturmlicht
Vor mir stand ein frohes Kind

Ja, es lachte und es sang
von dem Leben und vom Glück
Sah das Kind minutenlang
Hörte, wie es fröhlich sang
Und ich sang dies Liedchen mit

Und auf einmal ward mir klar,
dass ich doch noch lachen kann
Hier, wo nie ein Mensch je war,
wurde mir so manches klar
Täglich fängt dies Leben an!

Wenn sich etwas ändern muss,
geht es nur, wenn ich es tu!
Denn es ist noch lang nicht Schluss,
weil ich's selbst jetzt ändern muss!
Denn das Leben gibt nie Ruh

Irgendwo in ferner Zeit
blinkt ein Leuchtturm hell und gut
Steht so einsam und befreit
Jenseits aller Lebenszeit
Gibt mir neuen Lebensmut

Erinnerung

Erinnerung an Dich und mich
Und an Dein zärtliches Gesicht
An Deine Küsse in der Nacht
An Deinen Mund, der immer lacht

Wolltest erleben viel mit mir
Wir beide auf dem Weg zum „Wir"
Du warst mein allerliebster Stern
Mein Schatz, ich hatte Dich so gern

Und auf dem Tisch, am Wandregal,
in Deiner Küche, überall,
hast meine Bilder Du verteilt
Und unser Glück schien nicht mehr weit

Wir unternahmen viel, so viel
Und jeder Tag das schönste Spiel
Mit Dir wollt ich nach Norden ziehn
Mit Dir, das hatte endlich Sinn

Doch irgendwann, der Herbst so nah,
warn unsre Augen nicht mehr klar
Die Zeit veränderte uns zwei
Wir fühlten uns nicht gut, nicht frei

Wir trafen uns sehr selten nur
Von Dir, von mir blieb keine Spur
Dein Blick schien kalt und nicht mehr warm
Und leer mein Blick, und leer Dein Arm

Der Winter fror die Liebe ein
Von uns blieb nur ein schöner Schein
Das Glück verließ uns vor der Zeit
Und alle Träume lagen weit

Erinnerung an Dich und mich
Seh noch Dein zärtliches Gesicht
Spür noch die Küsse in der Nacht
Und bin sehr zeitig aufgewacht

Der alte Baum

Vorm Hause steht ein alter Baum
So weise, ach, man glaubt es kaum
Zeigt lang schon keine Früchte mehr
Und in ihm drin ist's hohl, nicht leer

Vor hundert Jahren war hier Feld
Und wenig Menschen trug die Welt
Da hat man ihn tief eingepflanzt
So manche Nacht um ihn getanzt

Er wurde groß und größer nun
Entwuchs den engen Kinderschuhn
Und Wind und Regen peitschten ihn
Als Nistplatz prächtig, wunderschön

Die Zeit verging, Krieg zog ins Land
Im Bombenhagel fast verbrannt
Fürwahr, es brach manch starker Ast
Erhängte sind 'ne schwere Last

In jener toten Dunkelheit
vom Rauch erfüllt, fast schon entzweit,
gab er die Hoffnung niemals auf
Blieb standhaft er und nahm's in Kauf

Da brachen neue Zeiten an
Und frischer Wind fegte ins Land
Man gab ihm Wasser und auch Halt
Und pflanzte einen neuen Wald

Jetzt ist er alt, spürt in sich Ruh
Im Winter deckt nur Schnee ihn zu
Wie schön, dass Frieden endlich ist
Und täglich ihn die Sonne grüßt

Vorm Hause wacht ein alter Baum
So weise, ja, man glaubt es kaum
Zeigt lang schon keine Früchte mehr
Ich mag ihn gern
Ich brauch ihn sehr

Träume der Erinnerung

Schön war´s in der großen Stadt
Job, Familie, wunderschön
Dort wo keiner Namen hat,
lebten sie in jener Stadt
So sollts immer weiter gehn

Doch seit kurzem träumte sie
von dem Ort, der endlos weit
Sah die Kirche, Wald und See
Manche Nächte träumte sie
von der fernen Seligkeit

Sie verstand die Zeichen nicht
Doch es zog sie magisch fort
Und sie sah im Traum ein Licht,
hatte Tränen im Gesicht
Wo nur lag dies Land, der Ort?

Mehr und mehr wollt sie dorthin
Alles schien ihr so bekannt
Wo nur lag des Traumes Sinn?
Warum wollte sie dorthin?
In dies wundersame Land?

Eines Tages brach sie auf
Nahm die Tasche wie in Trance
Nahm den Abschied selbst in Kauf
Schweigend brach sie einfach auf
War das ihre letzte Chance?

Auf dem Weg durch Traum und Zeit
kam nach Irland sie bei Nacht
Lang schien dieser Weg und weit
Irgendwo am Rand der Zeit
wurde sie nach Haus gebracht

In dem kleinen Dorf am Meer
sah es aus wie in dem Traum
Kirche, Wald – sie wollt hierher
In das kleine Dorf am Meer
In das Haus beim Mandelbaum

Nichts war hier wie in der Stadt
Ruhm und Reichtum gab´s hier nicht
Wichtig war nicht, was man hat
Wichtig nicht die ferne Stadt
Nur des Mondes fahles Licht

Auf dem kleinen Friedhof dort
stand sie an dem fremden Grab
Hier an diesem stillen Ort
trug sie die Erinnerung fort
Las die Inschrift, die schon matt

Da durchfuhr ein Blitz ihr Hirn
Und sie wusste es genau
Ihre Mutter lag hier drin
Ja, ihr Traum zog sie hierhin,
zu dem Grab der toten Frau

Und sie fühlte sich so gut
Goss die Blumen vor dem Stein
Hatte wieder Lebensmut
Denn sie fand ihr eigen' Blut
Ihre Seele wurde rein

Plötzlich hörte sie von fern,
wie die Mutter leise sang
„Ach, mein allerliebster Stern,
kamst zu mir, doch ich bin fern.
Kamst zu mir, zum weißen Strand"

Lange saß sie noch am Grab
Und sie küsste sanft den Stein
Dort, wo's keine Zeit mehr gab,
dort an Mutters kleinem Grab,
konnt sie endlich glücklich sein

Als sie wieder heimwärts zog,
war voll Liebe sie und Kraft
Und ein Silberwölkchen flog
übers Meer, auf dem sie zog
Ja, sie hatte es geschafft!

Und daheim - dort, in der Stadt
hatte sie den Sinn erkannt
Wer im Herz sein' Mutter hat,
braucht nicht Geld, nicht Ruhm und Stadt
Nur manch Traum – und Mutters Hand

Ohne Titel

Sind sechs Jahre schon zu viel?
Wer nur trägt die wahre Schuld?
War's des Teufels schlimmstes Spiel?
War das alles viel zu viel?
Freiheit hat so viel Geduld!

Warten auf den Untergang!
Fenster bleiben dicht, so dicht!
Warum dieses Unterpfand?
Gebt mir endlich Eure Hand!
Draußen wartet noch das Licht!

Doch die Tür bleibt wieder zu
Himmel scheint durchs Gitternetz
Hab doch jetzt die Zeit, die Ruh!
Warum bleibt die Türe zu?
Wiedermal zu schwer verletzt!

Dieser Andre, der jetzt tot,
brachte kalt uns alle um!
Jetzt, am End bin ich in Not,
denn der Andre ist längst tot!
Und ich schrei ganz laut: warum!

Hatte ich's nicht auch verdient,
diese Welt, den Tag zu sehn'?
Doch mein Leben scheint vermint!
So was hab ich nicht verdient!
So wollt ich nie untergehn!

Einstmals spielte ich als Kind
auf den Wiesen, hinterm Haus
Wollt so sein, wie alle sind
Fühl mich heut oft wie ein Kind
Alles sah so friedlich aus

Bis zu jenem trüben Tag,
als auch uns das Böse traf
Was ich nie zu denken wagt,
traf mich hart an diesem Tag
Und ich schlug, blieb nicht mehr brav

Denn, wenn's um die Kinder geht,
bin als Mensch ich stets gefragt!
Darf nicht ruhn, bis es zu spät,
weil's um unsre Kinder geht!
Bin dafür ich angeklagt?

Und ich knie vor dem Altar
Hat Gott auch für mich noch Kraft?
Irgendwie ist gar nichts klar
Bete leise vorm Altar
Und die tiefe Wunde klafft!

Doch es schweigt der Herr so still
Nur ein Lichtstrahl trifft mein Herz
Dass ich es doch wieder fühl,
dieses Leben, das zu still
Und ich flehe himmelwärts

Irgendwann, ich weiß genau,
öffnet sich auch dieses Tor
Dann geht's raus aus diesem Bau!
Irgendwann, ich weiß genau,
find ich das, was ich verlor!

Steh am Fenster – es wird Nacht
Ach, ich finde keine Ruh
Hat die Strafe was gebracht?
Fragen ziehen durch die Nacht!
Und ich ziehe aus die Schuh

(Für einen Strafgefangenen)

Erkenntnis

In mir ist so viel Traurigkeit
Sie ist in mir,
tief in mir drin
Hab ich zum Leben noch die Zeit?
Warum nur diese Traurigkeit?
Tagtäglich such ich nach dem Sinn

Da ist auch Furcht vorm jüngsten Tag
Vorm schwarzen Mann,
vor Not und Leid
Am End bleibt immerzu die Frag:
Woher die Furcht vorm jüngsten Tag?
Ist in mir drin gar Hass und Neid?

Da möcht ich fliehen aus der Welt,
die ich mir so zurechtgestutzt
Warum denk ich so oft ans Geld?
Ist käuflich nur die ganze Welt?
Und was hätt mir all das genutzt?

Die Antwort darauf find ich nicht
Sollt glücklich sein,
auch ohne Geld
Vielleicht, wer weiß, find ich zum Licht?
Denn Geld und Neid, das steht mir nicht!
Ich lebe, ja, und das nur zählt!

Tod

Die Zeit vergeht
Mich zieht es nun nach Norden
Verschwommener Mond
Die Wolke stirbt am Berg
Vom Wind verweht
Der hört nicht auf zu morden
Ein dunkler Stern
Ich bleib ein arger Zwerg

Vergangenes Glück
Zu warm ist´s nie geworden
Da starb soviel
Ein Nachen sank im Fluss
Einsam verrückt
Zum X-ten Mal gestorben
Hier ist´s zu kalt
Und Gott zeigt keinen Gruß

Es ist vorbei
Mein Herz hört auf zu schlagen
Dem Tode nah
Und nimmer mehr befreit
Oh Herr, verzeih´!
Verflucht an vielen Tagen!
Weil ich nie sah
Mein großer Traum – zu weit

Geh heimwärts jetzt
Ein Stern wird mich begleiten
Im fernen All
Irrt manche Seel umher
Zu schlimm verletzt
Ich will mich da nicht streiten
Es bleibt ein Hall
So endlos still und leer

Du fremdes ICH
Zuviel hast Du gefordert
Im Spiegelbild
Ein abgestürzter Star
Jenseits vom Licht
Da ist kein Glück geordert
Zu dumm, zu wild
Am Ende nur ein Narr

Wo

Mein Gott, wie warn wir glücklich einst
Als wir den Sommerwind gespürt
Und als es Blasen regnete
Und ich die Braut nach Haus geführt
Und Gott uns täglich segnete
Da war mein ICH noch nicht zerstört

Mein Gott, wie warn wir jung dereinst
Als unser Haus aus Sand noch war
Als keiner fragte nach dem Sinn
Und schien die Sonne sonnenklar
Und jeder Wunsch am Himmel hing
Wir als die tollste Kinderschar

Mein Gott, wie warn wir dumm damals
Wie warn wir blind und frech zugleich
Als Schmutz die Seele noch nicht traf
Nur unsern Hintern, der noch weich
Und unsre Augen blickten brav
Und jeder Traum ein Silberstreif

Mein Gott, wie sind wir heute tot
In unsern Ängsten Tag und Nacht
Mit unsrer Ehrfurcht vor dem Nichts
Weh dem, wenn heut ein Kind laut lacht
Im Herz und in der Seele stichts!
Hat Weisheit und all das Gebracht?

Mein Gott, wie ist dies lange her
Als wir noch nichts von Gott gewusst
Als Sehnsucht wir noch nicht gekannt
Und wir so fern von Liebeslust
Dann lieber übers Feld gerannt,
weil Mutter kam um Vier vom Bus

Mein Gott, wo ist das alles hin?
Kann Gott mir sagen, wo es ist?
Die schöne Zeit im Kinderland
Das heut mir fern, dass ich vermiss
Wo bleibt die schützend´ Mutterhand?
Und wo bist Du Gott, den ich grüß?

Mondloser Abend

Trübe ist der Tag,
der letzte Tag am Meer
Und immer wieder leben meine Träume
Leben in dieser kalten Einsamkeit
Ich bin abhängig zu sehr
von alten Gefühlen
Von Dir, Du alte Liebe

Und ich stehe vor den Trümmern meines Lebens
Ausgebrannte Welt – zerstört
Und jeder Tag vergebens
So flieh ich weit,
ins tatenlose Nichts der Zeit
Und die Ruinen meiner Hoffnung ragen in die
Dunkelheit
Drohen in der tristen Dunkelheit

Leise ist mein Wort,
mein letztes Wort im Wind
Und immer wieder wollt ich's schreien
Umsonst – ich werd doch nie erhört
Was wollt ich immerzu
von meinem Leben
Ich kann jetzt nur noch schweigen

Und ich stehe vor den Trümmern meines Lebens
Aufgebaute Welt – zerstört
Und jeder Tag vergebens
So flieh ich weit,
ins tatenlose Nichts der Zeit
Und die Ruinen meiner Hoffnung ragen in die Dunkelheit
Drohen in der tristen Dunkelheit

Wagnis

Blicke aus der schmalen Tür
Draußen ist es Tag, ist's Tag
Irgendetwas ist in mir
Denke mich bis vor die Tür!
Was dahinter liegen mag?

Regen zog ganz schnell vorbei,
vor der kleinen Wohnungstür
Irgendwann, des Nachts um Drei,
zog wohl Regen kurz vorbei
Und ich bin noch immer hier

Manchmal geh ich kurz hinaus
Zwei, drei Stunden, einfach so
Klein und fern liegt dann mein Haus
Selten nur geh ich hinaus
Denn dort drin bin ich nicht froh

Würd so gern spazieren gehn
über Felder, durch den Wald
Mit dem Fahrrad Kurven drehn,
durch die Welt spazieren gehn
Doch da draußen ist's so kalt

Und die Fenster sind so dicht
Selten öffne ich sie weit
Sonne, Mond, ich seh sie nicht,
weil die Fenster ständig dicht
Und es geht die Lebenszeit

Auf dem Sofa ist's so trist
Und die Hüften werden fett
Trauer, weil mich niemand küsst
Auf dem Sofa bleibt's stets trist
Und der Schlüssel klingelt nett

Plötzlich halt ich's nicht mehr aus
Springe auf und renn zur Tür
Nehm die Jacke, renn' hinaus,
denn ich halt es nicht mehr aus
Und es hält mich nichts mehr hier!

Zwischen Wiesen und dem Feld
atme ich die Freiheit ein
Nein, zum Fliehen braucht's kein Geld
Irgendwo auf einem Feld
kann man gut Zuhause sein

Gefühle

Wenn im Norden der Winter beginnt,
geh ich in den Garten und wart auf den Wind
Was er mir wohl bringt?
Obs mir heut gelingt?
Vereist liegt mein Garten
Träum süße, mein Kind

Wenn im Süden der Sommer mich lockt,
zieh ich über Felder und schwärme von Gott
Es zieht mich weit fort
Ich reim manches Wort
Die Blumen im Garten
stehn duftend am Ort

Wenn im Westen das Herbstlaub verweht,
sind einsam die Wiesen, verdorrt Busch und Beet
Das Jahr nun vergeht
Nun ist es zu spät
Verlassen der Garten
Und Regen fällt stet

Aufbruch

Der Fluss liegt einsam, gerad und still
Ach, überall ist's nass und kühl
Und meine Hütte dort am Wald
ist voller Träume, die schon alt

Ein Wind berührt mich sanft und leis
Ach, wenn ich wüsste, was ich weiß
Jetzt möcht ich in den Norden ziehn
Möcht wieder in den Fjorden stehn

Und Regen fällt so stet und sacht
Ich hab das Fenster zugemacht
Der Herbst weht noch vor meiner Tür
Bald ist der Winter wieder hier

Und dunkel senkt sich nun die Nacht
Ich hab mich auf den Weg gemacht
Ade Du Fluss, der Norden ruft,
den ich wohl viel zu lang gesucht

Stich im Herz!

Ich fuhr hinaus in jene allzu fernste Ferne
mit meinem Rad
Und ich verfuhr mich irgendwann
Ich suchte meine viel zu unbekannten Sterne
Und wollt doch nur hinaus in jene fernste Ferne
Und spürte einen Stich in meinem Herz, sodann

Ich fiel vom Rad und sah mich plötzlich sterben
Von oben konnt ich mich da unten liegen sehn
Ich wollte nicht
und hatte auch nichts zum vererben
Ich lag nur da
und sah mich plötzlich ewig sterben
Und konnte diesen Augenblick
nicht mehr verstehn

Da zog manch Traum vor mir durch alle Zeiten
Sah mich als Kind
und auch manchmal als großen Clown
Doch wollte ich so gern in dieser Welt
noch bleiben
Und nicht entfliehen vor den fernen,
guten Zeiten
Ich spürte einen Stich
in meinem großen Lebenstraum

Wie ich so lag, kam da ein alter Mann des Weges
Er sah mich an und lachte leis in sich hinein
Er war nur da,
kam wohl den langen Weg per pedes
Wie ich so lag, kam da ein alter Mann des Weges
Und hielt in seiner Hand 'nen dunkelblauen
schönen Stein

Er sprach mich an
War ich etwa noch nicht gestorben?
Ich sollt ihn sehn,
den Stein des Lebens und der Zeit
Ich wär durch ihn dereinst
ein kluger Mann geworden
Doch im Moment fühlt' ich mich
viel zu arg gestorben
Der alte Mann jedoch erhörte nicht
mein klagend' Jammerleid

Er legte schnell den Stein in meine kalten Hände
Und plötzlich zogen alle Tränen
und auch alle Ängste fort
Alsbald entschwand er wie ein Nebel da
in dem Gelände
Er drückte jenen Zauberstein
in meine frierend Hände
Und ließ zurück mich
an diesem magisch tristen Ort

Da wuchs die Kraft aus meinem Innern
und aus meiner Seele
Sie wuchs empor
und ich erhob mich ohne alle Klag
Und wenn ich's mir heut einsam
irgendwo erzähle,
wächst jedes Mal die unbekannte Kraft
in meiner Seele
Und es erwacht aus jedem Morgen
auch ein guter Tag

Ich fuhr nach Haus,
war wohl ein neuer Mensch geworden
Mein Herz schlug gut
und alles war so reich an Sinn
Wär ich tatsächlich
dort im Feld vielleicht gestorben,
hätt nie erlebt ich
so manchen wunderschönen Morgen
Und alle Träume und die Hoffnung
wären längst dahin

Es war der Stein, es war der fremde,
mysteriöse Alte,
der mir die Kraft und meinen Stolz
zurückgegeben hat
Und wenn im Spiegel ich entdeck
so manche Lebensfalte,
wollt ich so sein wie jener gute unbekannte Alte,
der mir gezeigt, dass alle Hoffnung
doch niemals ein Ende hat

Alpträume

Schwarzer Rauch in dunklen Gassen
Unheilvoll und schwerelos
Einsam, kalt die schmalen Straßen
Düster scheint die Stadt, verlassen
Ängste werden wach und groß

Geister ziehen durch die Stunden
Schreien laut und sind so nah
Ach, es schmerzen alte Wunden
Hier hat niemand Glück gefunden
Mancher Alptraum wird nun wahr

Doch es kommt schon bald ein Morgen,
weht die Angst, das Schweigen fort
Sonnenlicht verjagt die Sorgen
Alle Nacht ist längst gestorben
Diese Stadt, ein guter Ort

Ja, ich weiß, in manchen Nächten
ziehen Geister gern durchs Hirn
Man scheint schwach vor diesen Mächten,
weil man glaubt, dass Angst sie brächten
Doch sie sind nur schwach, verwirrn

Schwarzen Rauch und dunkle Gassen
sind nicht schlimm und auch nicht echt
Sind manchmal recht schwer zu fassen
Doch wir können sie auch lassen
Denn die Nacht ist gut, nicht schlecht

Der Traum

1.
Die Zeiten sind so düster
und so unsagbar schlecht
Überall droht Tod
und das furchtbarste Verderben
Kein einziger Mensch
macht es dem anderen wirklich recht
Alles ist so unsagbar übel
und so furchtbar und auch schlecht
Und alle hoffen, sie könnten mächtig sein,
und manch Reichtum erben

2.
Doch am Ende bleiben die Menschen
für sich ganz allein
Keiner traut mehr dem anderen,
jeder macht nur noch sein Ding!
So sollte es für die Zukunft
doch niemals mehr sein
Kein Mensch kann nur immer leben
so ganz für sich allein
Hat dieses Trugbild
wirklich irgendeinen echten Lebenssinn?

RF:
Plötzlich öffnet sich der düster schwarze Himmel
Und da, die Sterne strahlen
wie noch niemals je zuvor
Auf weißen Schwingen
fliegt kraftvoll da ein Schimmel
Prachtvoll ist er
und es funkelt der riesige Sternenhimmel
Und es singen alle Menschen der Welt
in einem einzig schönen Chor
Wir sind doch alle nur die Kinder
dieser einzigartigen Welt
Wir sind doch Menschen,
die nur zusammen wirklich glücklich sind
Was zählt schon Reichtum,
Macht und der Kampf um dieses bisschen Geld
Wir sind doch alle nur Kinder dieser
wundervollen schönen Welt
Wir haben ein Herz und können lieben
und sind doch immer nur Kind
Weil wir einfach nur Menschen bleiben,
die spüren die Sonne und den frischen Wind
Diesen wundervollen
und so märchenhaften Sommerwind

3.
Da sind die Zeiten wieder gut,
wie der junge neue Tag
Es zählt wieder Leben,
und die Hoffnung und die Zuversicht
Die Menschen vergessen alles Weh, alles Ach,
und auch so manche Klag
Denn die Welt ist wieder gut,
wie jener einzigartige neue Tag
Und alle Menschen haben wieder Kraft
Sie zeigen offen ihr ehrliches Gesicht

Zwei Monde

Es kreisten einmal zwei einsame Monde
um einen sehr kleinen Planeten herum
So manches Mal, ach, kam vorbei eine Sonde
Und erforschte dann jene zwei einsamen Monde
Ansonsten bliebs immer recht trist
und sehr stumm

Wie diese zwei Monde, so kreise auch ich
Immerzu, immerfort um mich selber herum
Es fehlt an der Freude und wohl auch an Licht
Wie zwei dunkle Monde, so kreise auch ich
Und alles bleibt einsam,
bleibt trübe und stumm

Doch ganz in der Ferne strahlt hell eine Sonne
Zu der will ich hin, doch sie scheint viel zu weit
Denn dort,
wo ich einsam noch friere und wohne,
fehlt Liebe und Leben, ist nie eine Sonne
Zieh ich endlich zu ihr, bin ich bald befreit

So breche ich auf, mach mich flugs auf die Reise
Hin zu jenem Licht, denn ich brauch es doch so
Und plötzlich verspür ich,
noch still und sehr leise:
Die Sonne kommt näher, das Ziel meiner Reise
Und endlich, da fühl ich mich frei und bin froh

6	Leben	
7	Sturm	
8	Traum	
9	Regenguss	
10	Träne	
11	Erinnerungen	
13	Geister	
14	Zeit	
17	Regennacht	
18	Flieger	
19	An die Eltern	
22	Letzter Sommer	
23	Naher Winter	
24	Der Fremde	
26	Überflieger	
28	Besuch im Herbst	
29	Flucht	
31	Besuch am Grab	
32	Leuchtturm	
34	Erinnerung	
36	Der alte Baum	
38	Träume der Erinnerung	
41	Ohne Titel	
44	Erkenntnis	
45	Tod	
47	Wo	
49	Mondloser Abend	
51	Wagnis	
53	Gefühle	
54	Aufbruch	
55	Stich im Herz!	
58	Alpträume	
59	Der Traum	
62	Zwei Monde	

Phobos & Deimos